Impressum
Verlag: BABADADA GmbH, Nedderfeld 112 , 22529 Hamburg
Geschäftsführer / Verlagsleitung: Harald Hof
Druck: Books on Demand GmbH, In de Tarpen 42, 22848 Norderstedt

Imprint
Publisher: BABADADA GmbH, Nedderfeld 112 , 22529 Hamburg, Germany
Managing Director / Publishing direction: Harald Hof
Print: Books on Demand GmbH, In de Tarpen 42, 22848 Norderstedt

мактаб
colegio

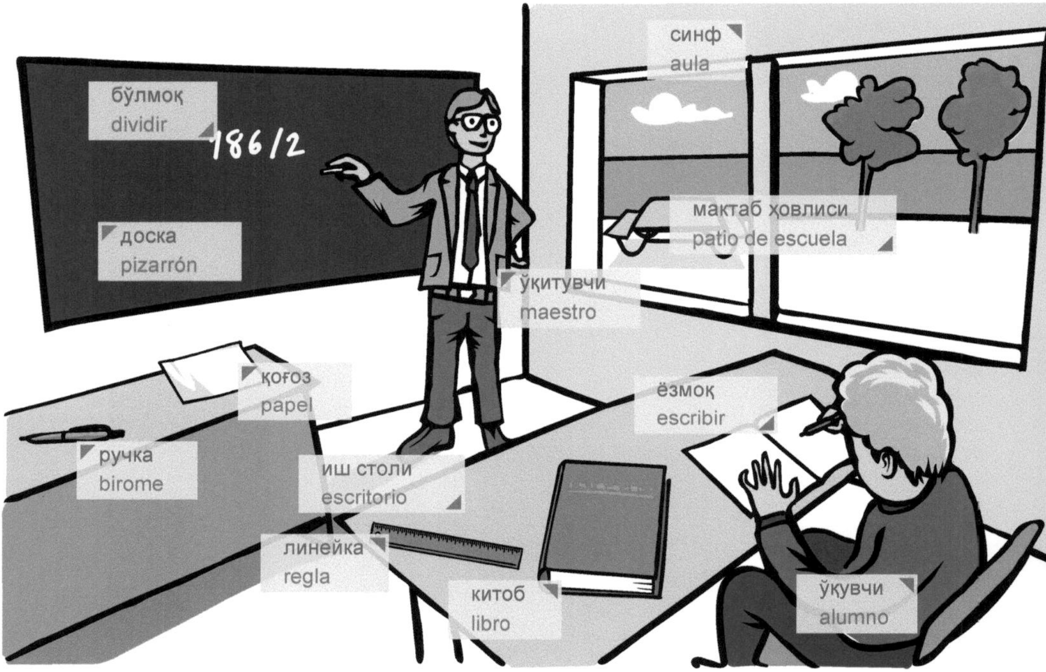
синф
aula
бўлмоқ
dividir
186/2
мактаб ҳовлиси
patio de escuela
доска
pizarrón
ўқитувчи
maestro
қоғоз
papel
ёзмоқ
escribir
ручка
birome
иш столи
escritorio
линейка
regla
китоб
libro
ўқувчи
alumno

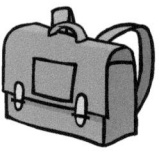

осма сумка

mochila

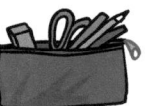

қаламдон

caja de lápices

қалам

lápiz

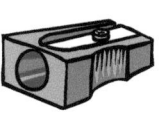

қалам учлагич

sacapuntas

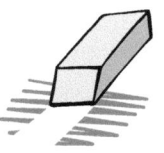

ўчиргич

goma (de borrar)

расм албоми

bloc de dibujo

чизмачилик

dibujo

бўёқ чўтка

pincel

бўёқдон

caja de pinturas

қайчи

tijera

елим

pegamento

машғулот дафтари

cuaderno de ejercicios

уй иши

tarea

12

рақам

número

2+2

қўшмоқ

sumar

5-2

айирмоқ

restar

2×2

кўпайтирмоқ

multiplicar

ҳисобламоқ

calcular

A

хат

letra

ABCDEFG HIJKLMN OPQRSTU VWXYZ

алифбо

abecedario

сўз

palabra

матн

texto

ўқимоқ

leer

бўр

tiza

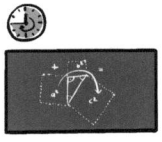

дарс

lección

журнал

cuaderno de clase

имтиҳон

examen

гувоҳнома

certificado

мактаб формаси

uniforme escolar

таълим

educación

қомус

enciclopedia

олийгоҳ

universidad

микроскоп

microscopio

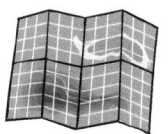

харита

mapa

урна

tacho (de basura)

саёҳат
viaje

меҳмонхона
hotel
Grand
сайёҳлар ётоқхонаси
hostel
ROOMS
EXCHANGE
пул айирбошлаш шаҳобчаси
casa de cambio
чемодан
valija
машина
auto

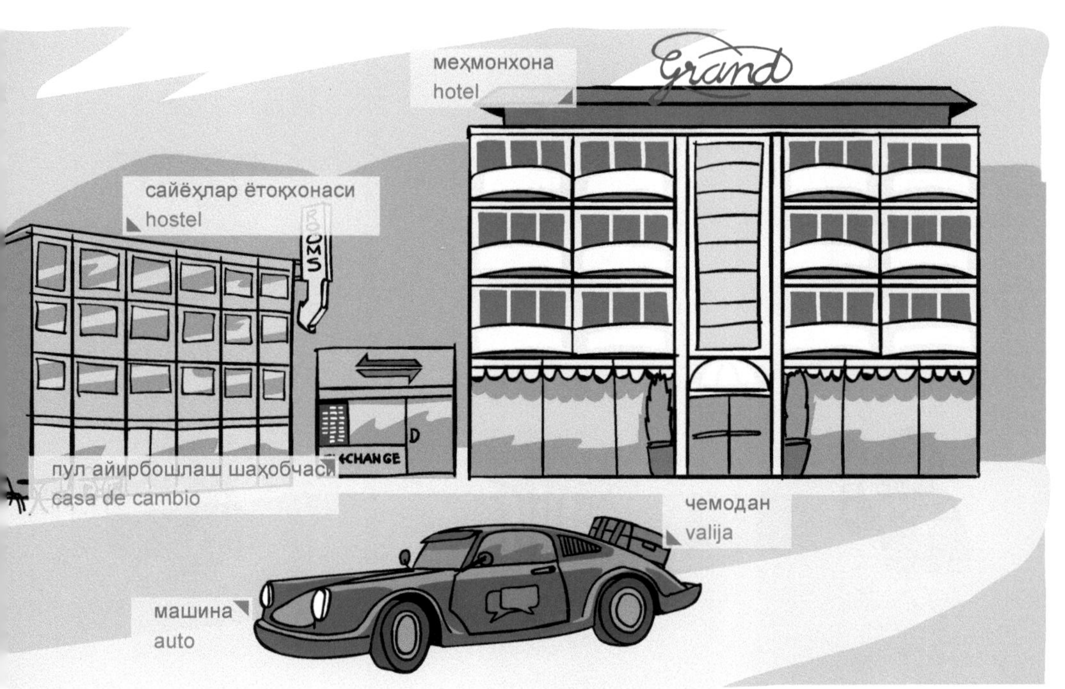

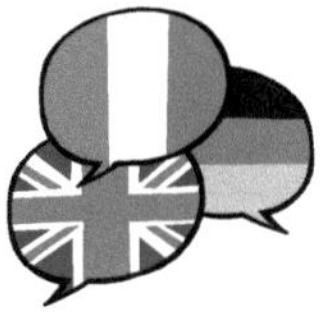

тил

idioma

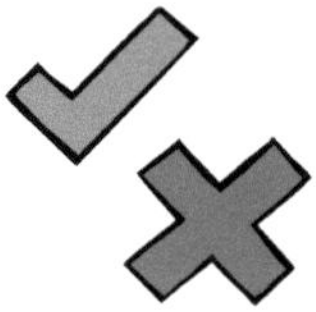

ҳа / йўқ

sí / no

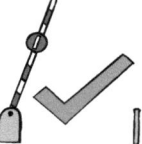

Хўп

Está bien

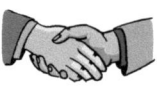

салом

hola

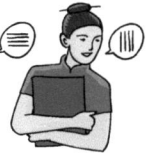

таржимон

traductor

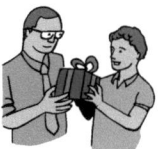

Раҳмат

Gracias

неча пул...?

¿cuánto cuesta...?

Тушунмадим

No entiendo

муаммо

problema

Хайрли кеч!

¡Buenas tardes!

Хайрли тонг!

¡Buenos días!

Хайрли тун!

¡Buenas noches!

кўришгунча

adiós

йўналиш

dirección

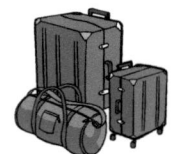

йўловчи юки

equipaje

сафархалта

bolso

юк халта

mochila

меҳмон

invitado

хона

habitación

уйқуқоп

bolsa de dormir

чодир

carpa

саёҳларга маълумот
бериш столи

información turística

пляж

playa

омонат карта

tarjeta de crédito

нонушта

desayuno

нонушта

almuerzo

кечки овқат

cena

чипта

pasaje

лифт

ascensor

марка

sello

чегара

frontera

божхона

aduana

элчихона

embajada

виза

visa

паспорт

pasaporte

транспорт

transporte

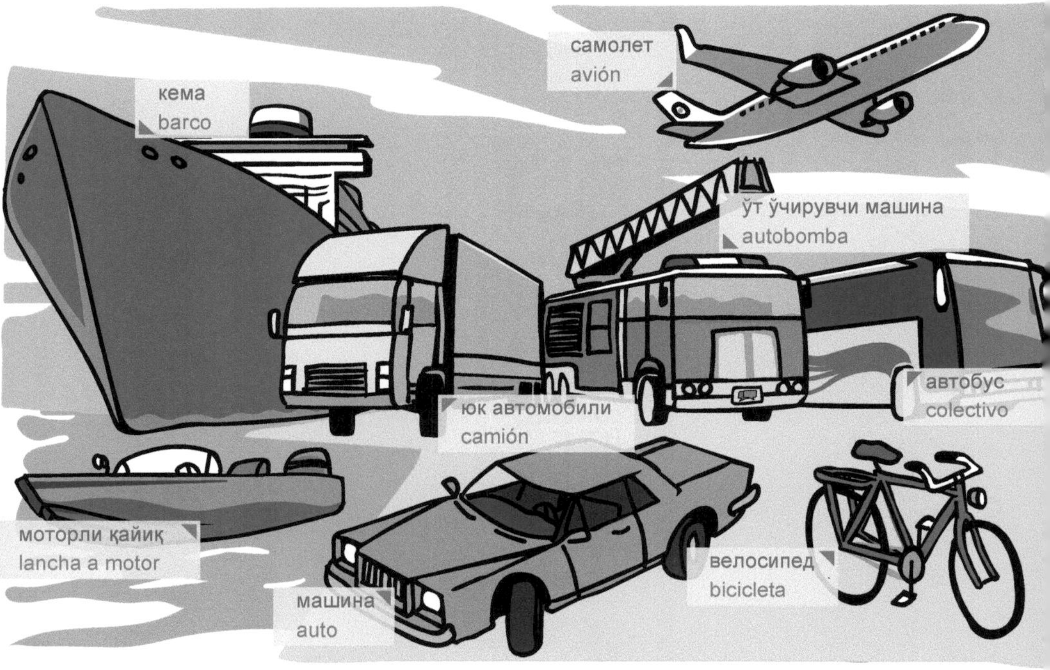

самолет
avión
кема
barco
ўт ўчирувчи машина
autobomba
автобус
colectivo
юк автомобили
camión
моторли қайиқ
lancha a motor
велосипед
bicicleta
машина
auto

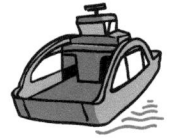

солсимон ясси кема

ferry

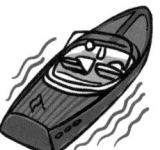

қайиқ

bote

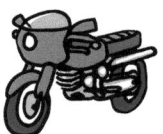

мотоцикл

moto

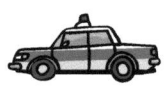

посбон машинаси

patrullero

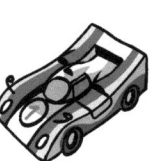

пойга машинаси

auto de carreras

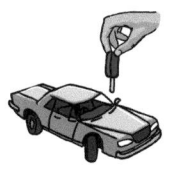

ижарага олинган автоулов

auto de alquiler

автоижара

alquiler de autos

шатакка олувчи юк автомобили

grúa

ахлат машинаси

camión de basura

мотор

motor

ёқилғи

nafta

ёқилғи қуйиш шаҳобчаси

estación de servicio

йўл белгиси

señal de tránsito

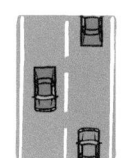

йўл ҳаракати

tránsito

тирбанд

embotellamiento

втомобил тўхтаб туриш жойи

estacionamiento

поезд бекати

estación de tren

рельс

vías

поезд

tren

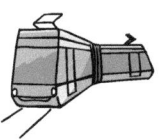

трамвай

tranvía

вагон

vagón

вертолёт

helicóptero

аэропорт

aeropuerto

минора

torre

йўловчи

pasajero

контейнер

contenedor

қоғоз қути

caja de cartón

аравача

carretilla

сават

canasta

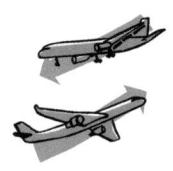

учмоқ / қўнмоқ

despegar / aterrizar

шаҳар

ciudad

қишлоқ

pueblo

шаҳар маркази

centro de ciudad

уй

casa

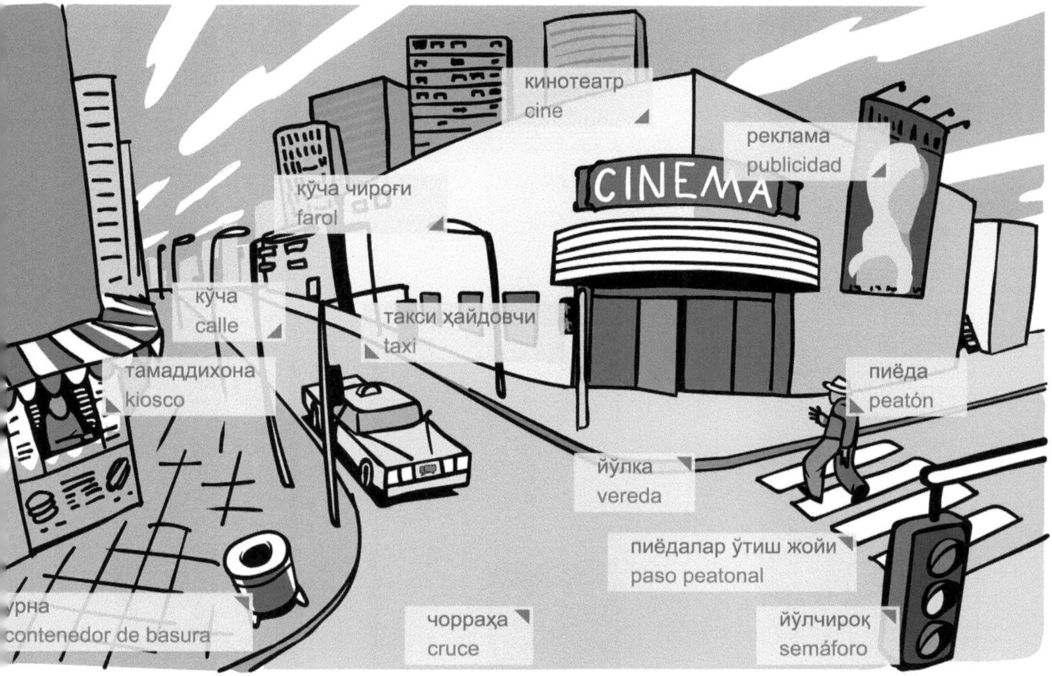

кинотеатр
cine

реклама
publicidad

кўча чироғи
farol

CINEMA

кўча
calle

такси ҳайдовчи
taxi

тамаддихона
kiosco

пиёда
peatón

йўлка
vereda

пиёдалар ўтиш жойи
paso peatonal

урна
contenedor de basura

чорраҳа
cruce

йўлчироқ
semáforo

кулба

cabaña

квартира

departamento

поезд бекати

estación de tren

маҳаллий ҳокимият
биноси
municipalidad

музей

museo

мактаб

colegio

олийгоҳ

universidad

банк

banco

шифохона

hospital

меҳмонхона

hotel

дорихона

farmacia

идора

oficina

китоб дўкони

librería

дўкон

negocio

гул дўкони

florería

супермаркет

supermercado

бозор

mercado

универмаг

grandes tiendas

балиқ дўкони

pescadería

савдо маркази

centro comercial

бандаргоҳ

puerto

истироҳат боғи

parque

банк

banco

кӯприк

puente

зинапоя

escaleras

метро

subte

ер ости йӯли

túnel

автобус бекати

parada del colectivo

бар

bar

ресторан

restaurante

почта қутиси

buzón

кӯча ёзув осма тахтаси

letrero

тӯхтаб туриш вақтини
ҳисоблагич

parquímetro

ҳайвонот боғи

zoológico

бассейн

pileta

масжид

mezquita

шаҳар - ciudad

чорвачилик хўжалиги

granja

атроф-муҳит ифлосланиши

contaminación

қабристон

cementerio

ибодатхона

iglesia

болалар ўйингоҳи

juegos infantiles

эҳром

templo

манзара

paisaje

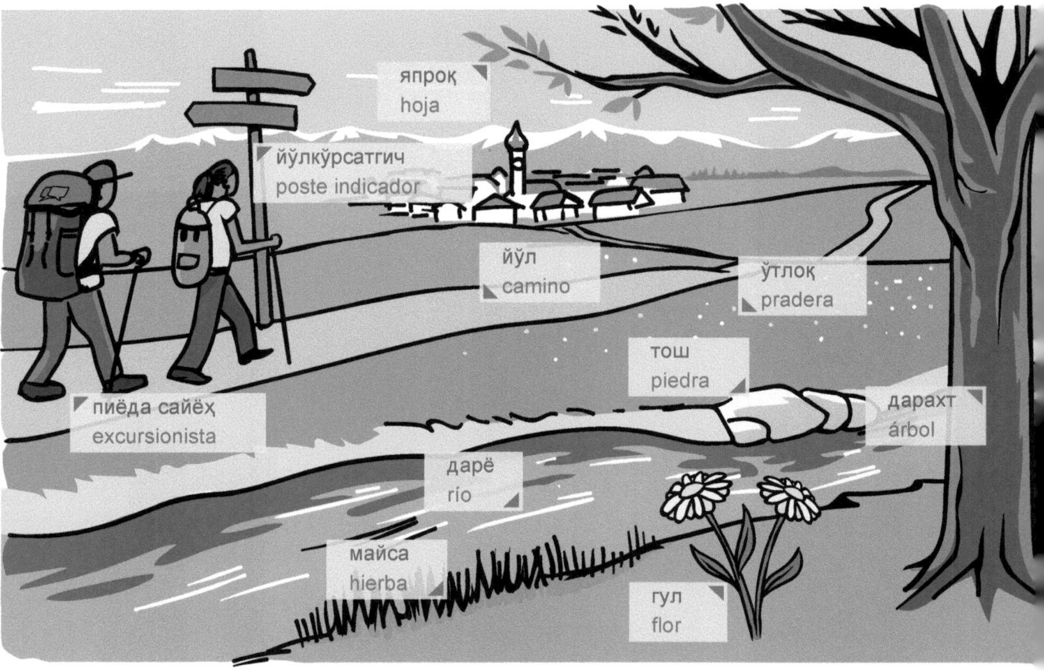

япроқ
hoja

йўлкўрсатгич
poste indicador

йўл
camino

ўтлоқ
pradera

тош
piedra

дарахт
árbol

пиёда сайёҳ
excursionista

дарё
río

майса
hierba

гул
flor

водий

valle

қир

montaña

кўл

lago

ўрмон

bosque

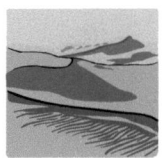

чўл

desierto

вулкан

volcán

қалъа

castillo

камалак

arco iris

кўзиқорин

champiñón

пальма дарахти

palmera

пашша

mosquito

чивин

mosca

чумоли

hormiga

асалари

abeja

ўргимчак

araña

қўнғиз

escarabajo

қурбақа

rana

олмахон

ardilla

типратикон

erizo

қуён

liebre

укки

lechuza

қуш

pájaro

оққуш

cisne

эркак чўчқа

jabalí

буғу

ciervo

бутоқ шохли кийик

alce

тўғон

presa

шамол генератори

aerogenerador

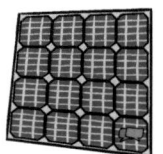

қуёш батареяси

panel solar

иқлим

clima

ресторан
restaurante

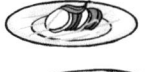

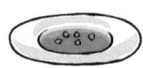

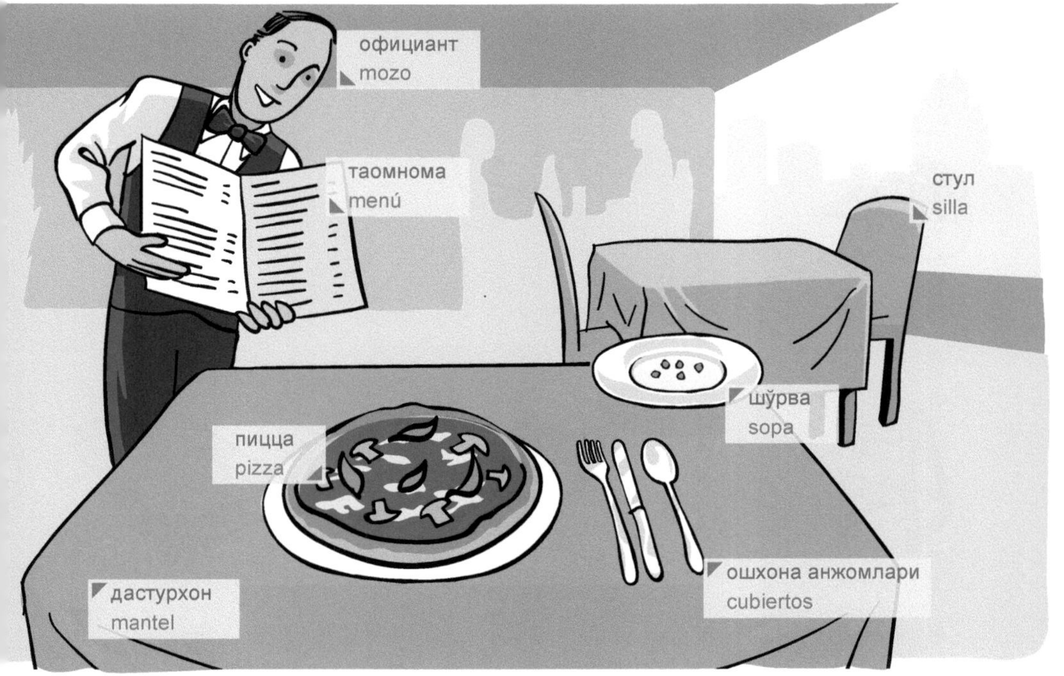
официант
mozo
таомнома
menú
стул
silla
шўрва
sopa
пицца
pizza
ошхона анжомлари
cubiertos
дастурхон
mantel

газак

entrada

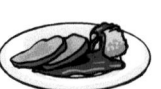

асосий таом

plato principal

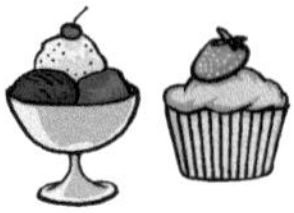

десерт

postre

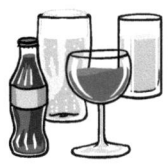

ичимликлар

bebidas

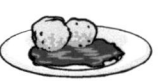

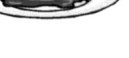

таом

comida

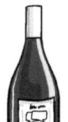

бутилка

botella

тез пишар таом

comida rápida

кўча таоми

comida callejera

чойнак

tetera

шакардон

azucarera

порция

porción

эспрессо кофе машинаси

cafetera expreso

болалар курсичаси

sillita alta

ҳисоб

cuenta

лаган

bandeja

пичоқ

cuchillo

санчқи

tenedor

қошиқ

cuchara

чой қошиқ

cucharita

қўл сочиқ

servilleta

стакан

vaso

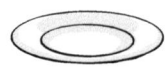

ликоп

plato

шўрва коса

plato hondo

тақсимча

plato

қайла

salsa

туздон

salero

қалампир янчгич

molinillo de pimienta

сирка

vinagre

ёғ

aceite

зираворлар

especias

кетчуп

kétchup

хантал

mostaza

майонез

mayonesa

супермаркет
supermercado

чегирма
oferta especial
FOR
мижоз
cliente
сут маҳсулотлари
lácteos
мева
fruta
харид араваси
changuito

BUTCHERS

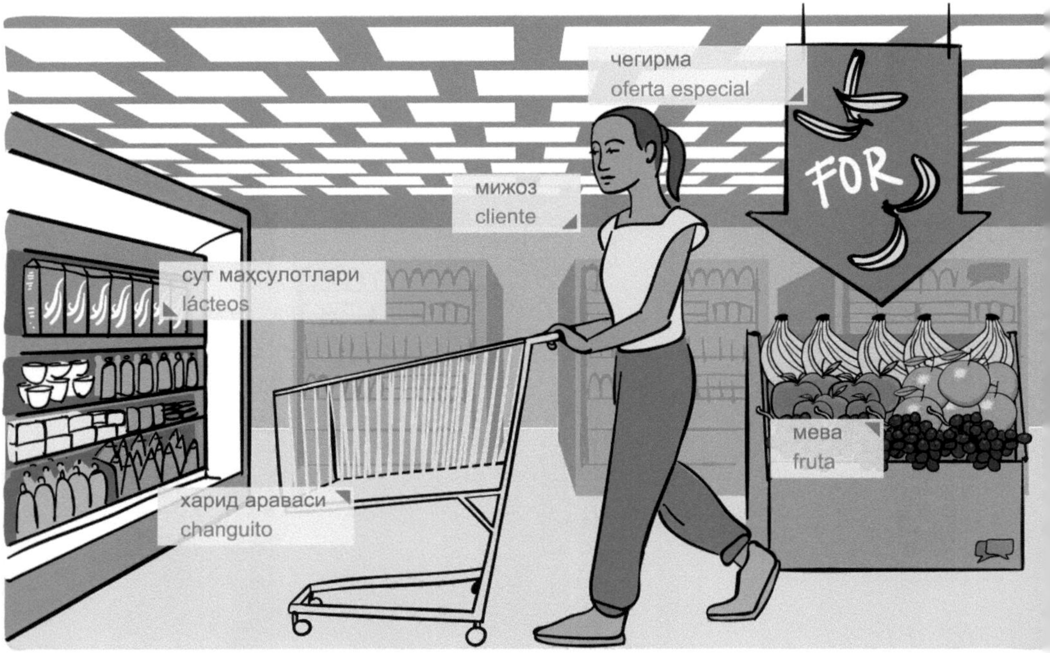

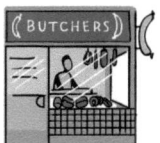

қассобхона

carnicería

BAKERY

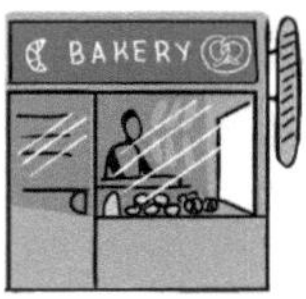

нонвойхона

panadería

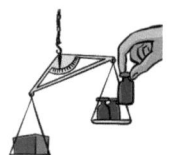

тарозида ўлчамоқ

pesar

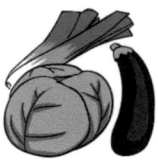

сабзавот

verduras

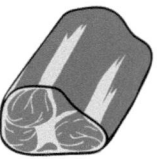

гўшт

carne

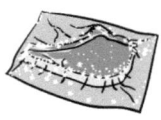

музлатилган таомлар

alimentos congelados

яхна гўшт

fiambres

консерва

alimentos enlatados

кир ювиш воситаси

detergente en polvo

ширинликлар

golosinas

кундалик истеъмол моллар

electrodomésticos

ювиш воситалари

productos de limpieza

сотувчи

vendedora

касса аппарати

caja

ғазначи

cajero

харид рўйхати

lista de compras

иш вақти

horario de atención

ҳамён

billetera

омонат карта

tarjeta de crédito

халта

cartera

целлофан халта

bolsa de plástico

сув

agua

шарбат

jugo

сут

leche

кока-кола

bebida cola

вино

vino

пиво

cerveza

спиртли ичимлик

alcohol

какао

cacao

чой

té

кофе

café

эспрессо

café expreso

капучино

cappuccino

банан

banana

олмахон

manzana

апельсин

naranja

қовун

melón

лимон

limón

сабзи

zanahoria

саримсоқ

ajo

бамбук

bambú

пиёз

cebolla

қўзиқорин

champiñón

ёнғоқ

nueces

лағмон

fideos

спагетти

tallarines

гуруч

arroz

салат

ensalada

картошка-фри

papas fritas

қовурилган картошка

papas fritas

пицца

pizza

гамбургер

hamburguesa

сэндвич

sándwich

тўқмоқланган тўш қиймаси

churrasco

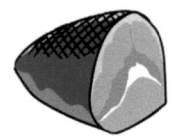

дудланган чўчқа гўшти

jamón

салями колбасаси

salame

сосиска

salchicha

товуқ гўшти

pollo

қовурилган

asado

балиқ

pescado

сули бӯтқаси

copos de avena

мюсли

muesli

маккажӯхори ёрмаси

copos de maíz

ун

harina

француз булочкаси

medialuna

булочка

pancito

нон

pan

қизартирилган нон бӯлаги

tostada

пиширик

galletitas

сариёғ

manteca

творог

cuajada

пирог

torta

тухум

huevo

қовурилган тухум

huevo frito

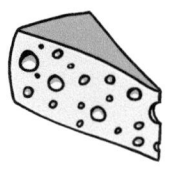

пишлоқ

queso

музқаймоқ

helado

шакар

azúcar

асал

miel

мураббо

mermelada

шоколад пастаси

pasta de chocolate

зарчава

curry

чорвачилик хўжалиги

granja

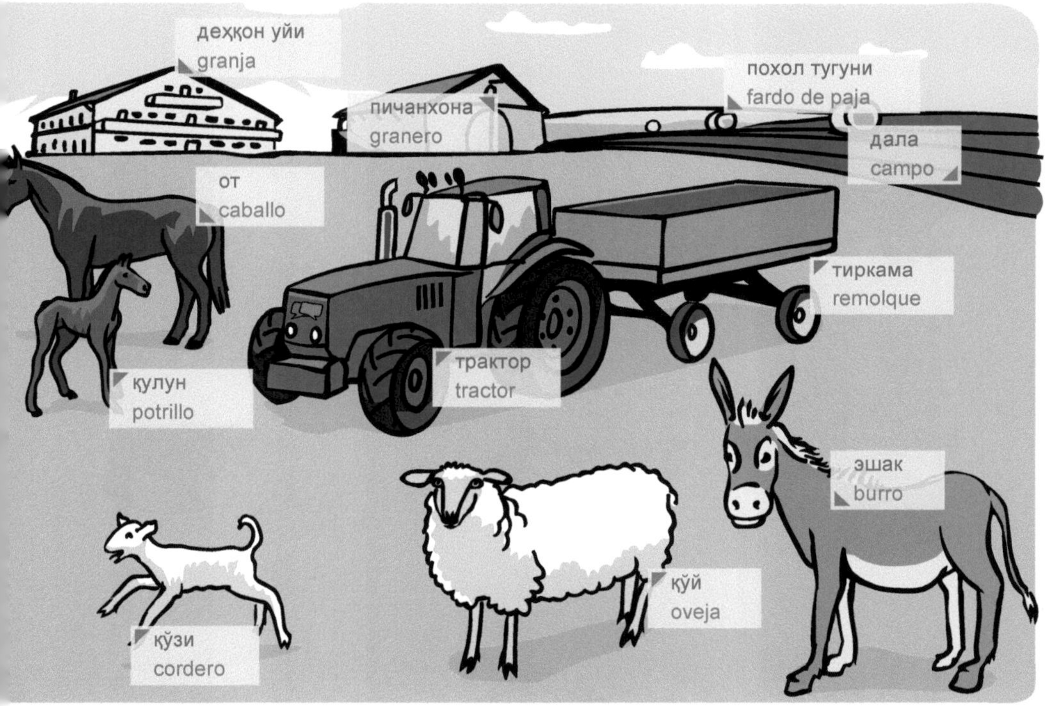
деҳқон уйи
granja
похол тугуни
fardo de paja
пичанхона
granero
дала
campo
от
caballo
тиркама
remolque
трактор
tractor
қулун
potrillo
эшак
burro
қўй
oveja
қўзи
cordero

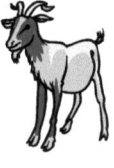

эчки

cabra

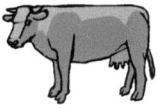

сигир

vaca

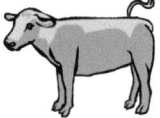

бузоқ

ternero

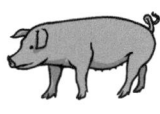

чўчқа

cerdo

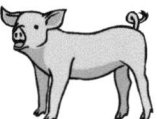

чўчқа боласи

lechón

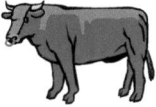

буқа

toro

ғоз

ganso

ўрдак

pato

жўжа

pollo

товуқ

gallina

хўроз

gallo

каламуш

rata

мушук

gato

сичқон

ratón

ҳўкиз

buey

ит

perro

каталак

cucha

ҳовли боғ шланги

manguera

гулчелак

regadera

белўроқ

guadaña

темир омоч

arado

қўлўроқ
hoz

чопқи
azada

паншаха
horquilla

болта
hacha

ғалтакарава
carretilla

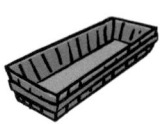

охур
abrevadero

сут бидони
lechera

тўрва
bolsa

панжара
reja

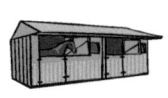

оғилхона
establo

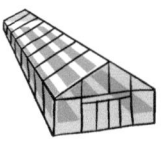

иссиқхона
invernadero

тупроқ
suelo

уруғ
semilla

ўғит
fertilizador

комбайн
cosechadora

ҳосил олмоқ

cosechar

йиғим-терим

cosecha

ямс

batatas

буғдой

trigo

соя

soja

картошка

papa

маккажўхори

maíz

рапс уруғи

semilla de colza

мевали дарахт

árbol frutal

маниок

mandioca

ёрма

cereales

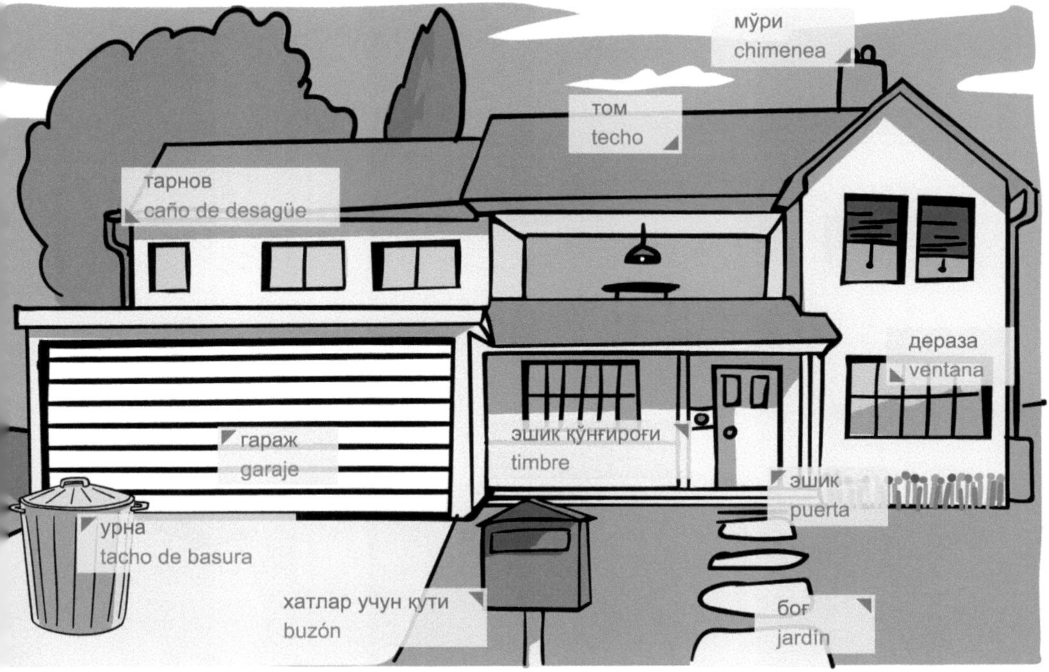

мӯри
chimenea

том
techo

тарнов
caño de desagüe

дераза
ventana

гараж
garaje

эшик қӯнғироғи
timbre

эшик
puerta

урна
tacho de basura

хатлар учун қути
buzón

боғ
jardín

меҳмонхона
living

ваннахона
baño

ошхона
cocina

ётоқхона
dormitorio

болалар хонаси
cuarto de los chicos

ошхона
comedor

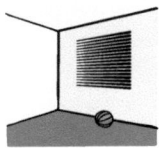

пол

piso

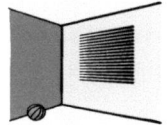

девор

pared

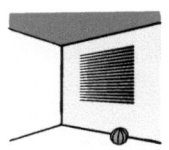

шип

cielorraso

подвал

sótano

сауна

sauna

болохона айвони

balcón

айвон

terraza

бассейн

pileta

ўт ўргич машина

cortadora de pasto

кўрпажилд

sábana

чойшаб

acolchado

кроват

cama

супурги

escoba

пақир

balde

мурват

interruptor

меҳмонхона
living

гулқоғоз
empapelado
сурат
imagen
чироқ
lámpara
токча
estante
жавон
armario
телевизор
televisión
ўчоқ
chimenea
гул
flor
ёстиқ
almohadón
диван
sofá
гулдон
florero
масофадан бошқариш пульти
control remoto

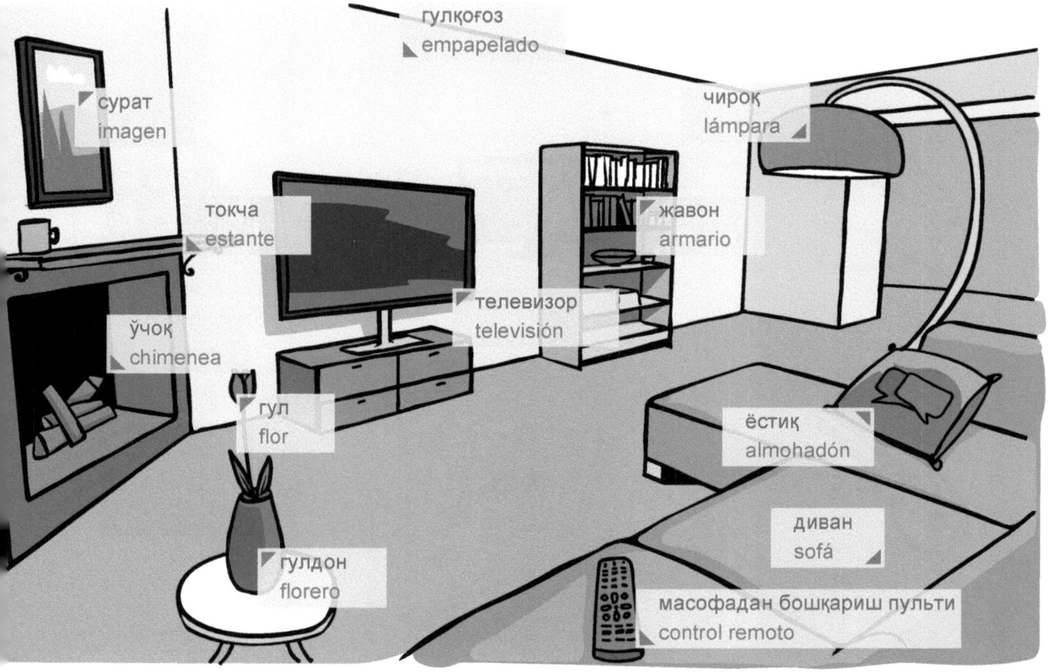

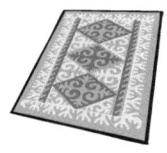

гилам

alfombra

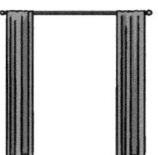

парда

cortina

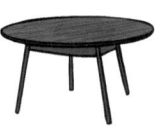

стол

mesa

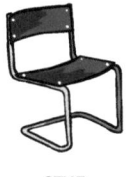

стул

silla

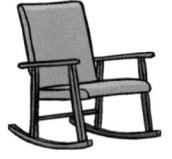

тебранма курси

mecedora

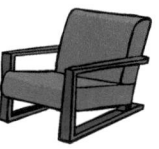

кресло

sillón

китоб

libro

кўрпа

frazada

ҳашам

decoración

ўтин

leña

кино

película

стерео қурилма

equipo de música

калит

llave

рўзнома

diario

расм

pintura

плакат

póster

радио

radio

ён дафтар

cuaderno

чанг ютгич

aspiradora

кактус

cactus

шам

vela

ошхона
cocina

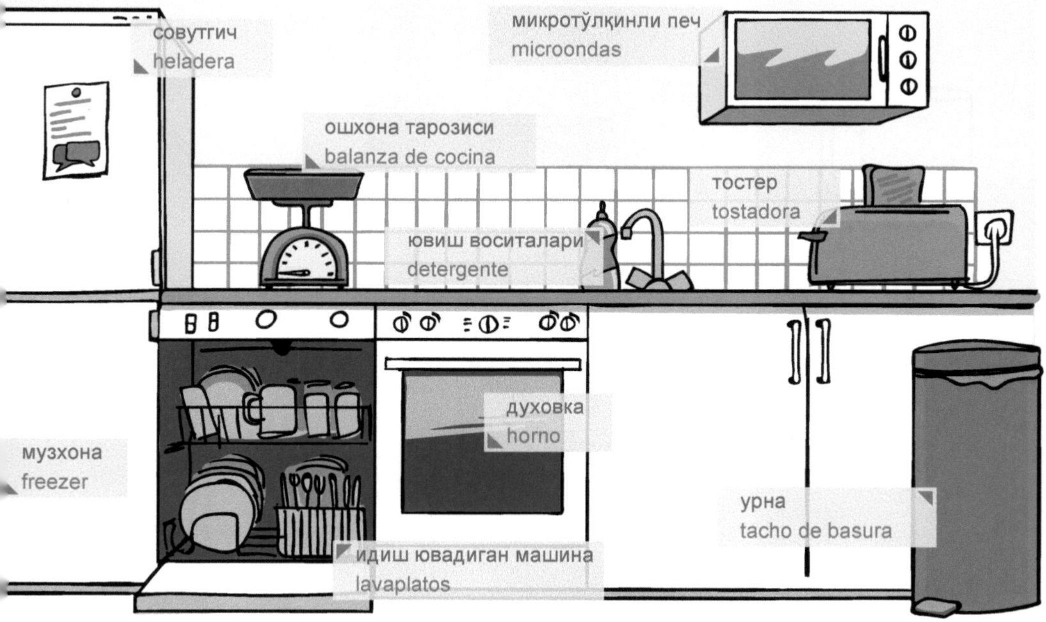

совутгич
heladera
микротўлқинли печ
microondas
ошхона тарозиси
balanza de cocina
тостер
tostadora
ювиш воситалари
detergente
духовка
horno
музхона
freezer
урна
tacho de basura
идиш ювадиган машина
lavaplatos

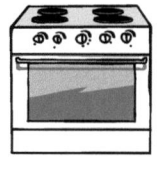

плита
cocina

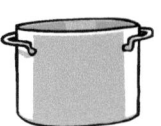

кастрюль
olla

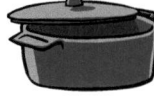

чўян қозон
olla de hierro fundido

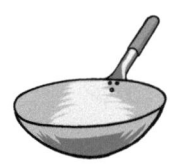

бўртма тубли това
wok

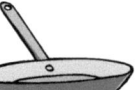

това
sartén

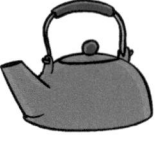

човгун
pava

мантиқасқон

vaporera

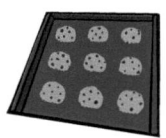

тунука това

bandeja de horno

идиш

vajilla

кружка

taza

коса

bol

таом ейиш таёқчалари

palitos

чўмич

cucharón

куракча

estpátula

кўпиртиргич

batidora

элак

colador

элак

colador

қирғич

rallador

ҳовонча

mortero

гриль

parrilla

олов

fogata

оштахта

tabla de picar

жува

palo de amasar

пармасимон тиқин очгич

sacacorchos

консерва

lata

консерва очгич

abrelatas

тутгич

manopla

унитаз

pileta

идиш чўтка

cepillo

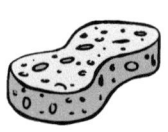

қозонсочиқ

esponja

қориштиргич

batidora

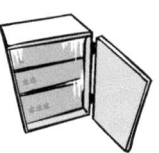

музлатгич

congelador

сўрғичли чақалоқ
бутилкаси

mamadera

кран

canilla

ваннахона

baño

душ
ducha
иситиш тизими
calefacción
сочиқ
toalla
дарпарда
cortina de ducha
кўпикли ванна
baño de espuma
ванна
bañadera
стакан
vaso
кир ювиш машинаси
lavarropas
кран
canilla
кафель
baldosas
тувак
pelela
унитаз
pileta

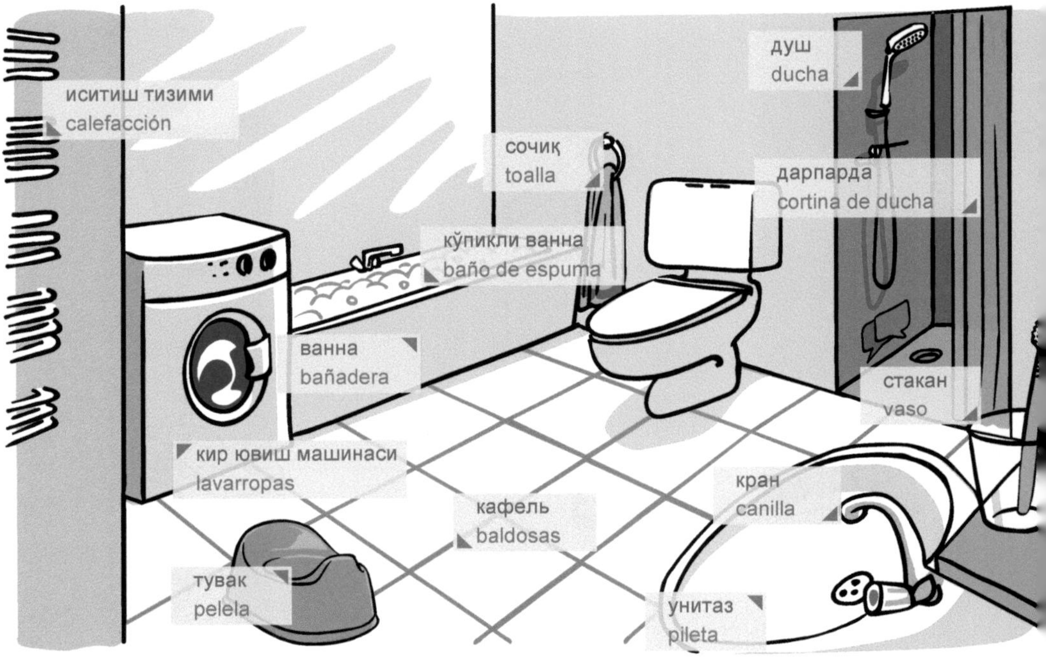

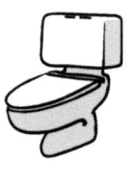

ҳожатхона

inodoro

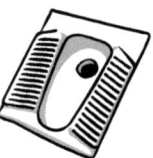

полга ўрнатиладиган унитаз

letrina

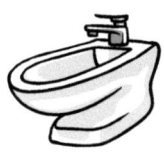

таҳоратдон

bidé

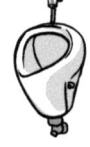

сийдик унитази

mingitorio

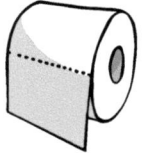

ҳожатхона қоғози

papel higiénico

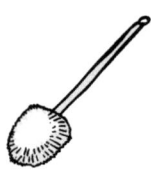

ҳожатхона чўткаси

cepillo para el inodoro

тиш чўтка

cepillo de dientes

тиш пастаси

dentífrico

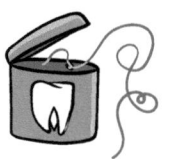

тиш тозалагич ип

hilo dental

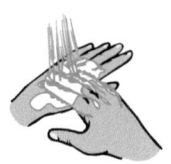

ювмоқ

lavar

дастакли душ

ducha de mano

таҳорат учун душ

ducha higiénica

тоғора

palangana

елка қашлайдиган чўтка

cepillo para espalda

совун

jabón

душ учун гель

gel de ducha

шампунь

shampoo

мочалка

toallita

қувур

desagüe

крем

crema

дезодарант

desodorante

кўзгу

espejo

қўл кўзгуси

espejito

устара

maquinita de afeitar

устара учун кўпик

espuma de afeitar

салқинлантирувчи
бальзам
aftershave

тароқ

peine

чўтка

cepillo

фен

secador de pelo

соч учун лак

spray

пардоз-андоз

maquillaje

лаб учун помада

lápiz de labios

тирноқ лаки

esmalte para uñas

пахта

algodón

тирноқ қайчиси

tijera para uñas

духи

perfume

пардоз-андоз халтаси

portacosméticos

курси

banqueta

тарози

balanza

чўмилиш халати

bata

резина қўлқоп

guantes de goma

тампон

tampón

гигиеник таглик

toallita femenina

биоҳожатхона

baño químico

болалар хонаси

cuarto de los chicos

бонг соат
despertador
юмшоқ ўйинчоқ
peluche
ўйинчоқ машина
coche de juguete
шақилдоқ
sonajero
қўғирчоқ уй
casa de muñecas
совға
regalo

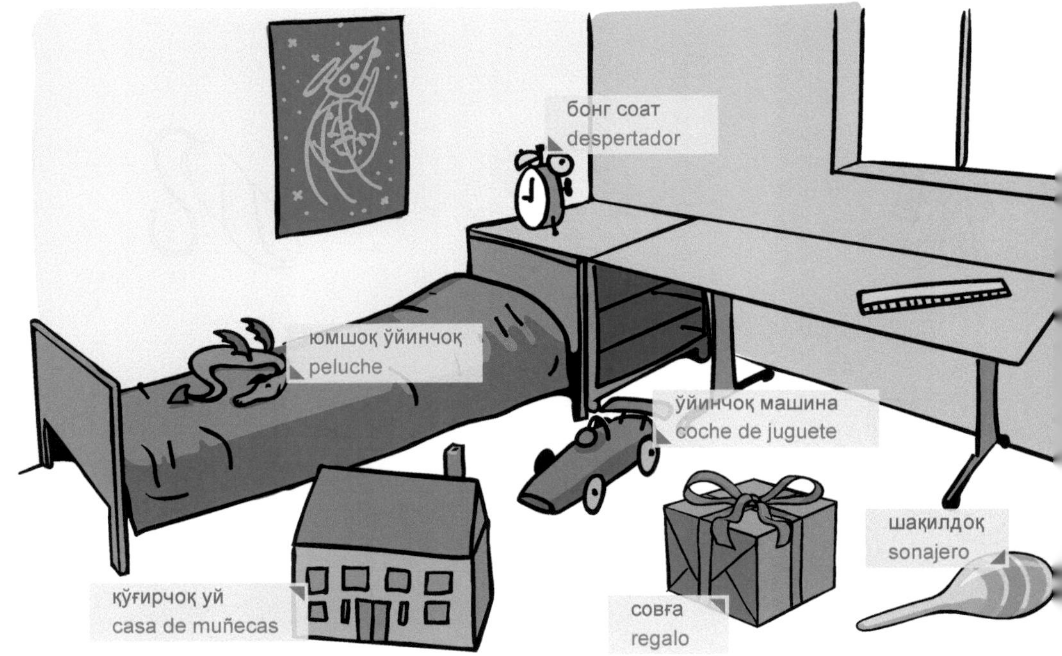

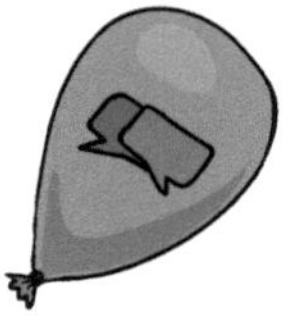

шар

globo

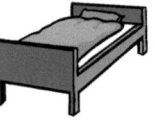

кроват

cama

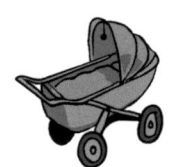

болалар аравачаси

cochecito

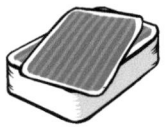

карта тўплами

cartas

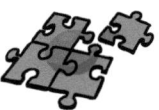

терма тасвир

rompecabezas

SUPER
MEGA

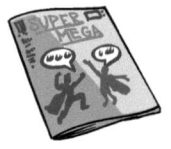

кулгили саҳна асари

historieta

лего ғиштлари

piezas de lego

ўйинчоқ кубиклар

ladrillos de juguete

ўйинчоқ қаҳрамон

figura de acción

ползунка

enterito (de bebé)

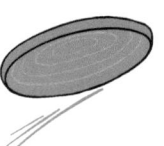

учар ликопча

frisbee

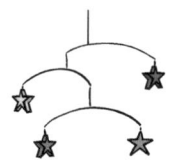

осма шақилдоқ

móvil para bebés

стол ўйини

juego de mesa

ошиқ

dados

поезд макети

tren eléctrico

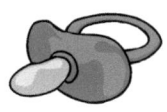

сўрғич

chupete

ўтириш

fiesta

расмли китоб

libro de cuentos ilustrado

копток

pelota

қўғирчоқ

muñeca

ўйнамоқ

jugar

қумдон

arenero

арғимчоқ

hamaca

ўйинчоқлар

juguetes

ўйин приставкаси

consola de videojuegos

уч ғилдиракли велосипед

triciclo

бахмал айиқ

osito de peluche

кийим шкафи

armario

кийим

ropa

пайпоқ

medias

чулки

medias panty

колготка

calzas

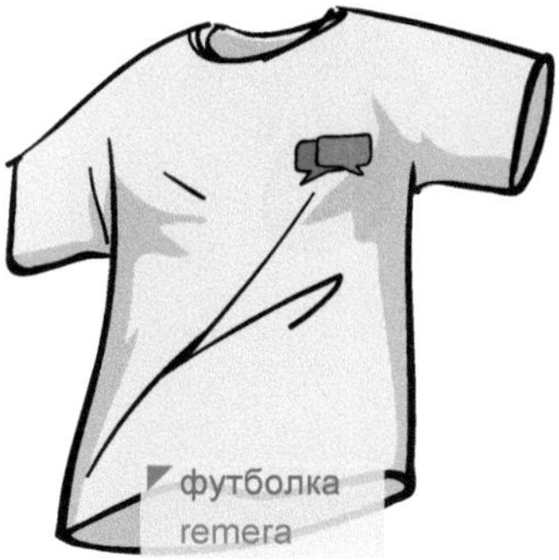

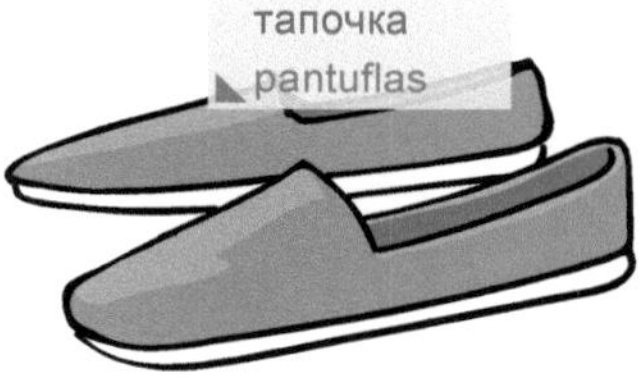

шарф
bufanda

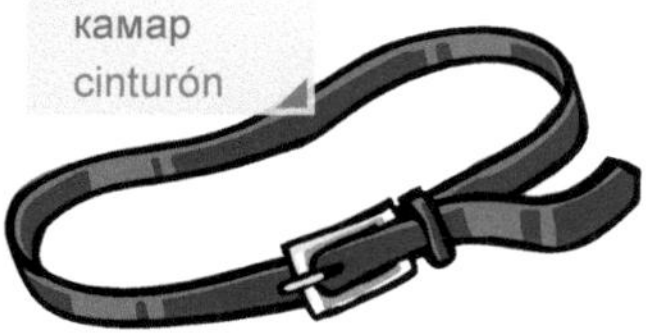

соябон
paraguas

камар
cinturón

футболка
remera

ботинка
botas

тапочка
pantuflas

кроссовка
zapatillas

шиппак
....
sandalias

туфли
....
zapatos

резина этик
....
botas de goma

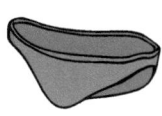

тор турсик
....
ropa interior

кўкракпеч
....
corpiño

майка
....
chaleco

боди

body

иштон

pantalones

жинси

jeans

юбка

pollera

кофта

blusa

кўйлак

camisa

жемпер

pulóver

узун чакмон

buzo

спорт бичимидаги пиджак

blazer

куртка

campera

пальто

tapado

плаш

piloto

либос

traje

кўйлак

vestido

келин кўйлак

vestido de novia

костюм шим

traje

тунги кўйлак

camisón

пижама

pijama

сари

sari

шолрўмол

pañuelo para cabeza

салла

turbante

паранжи

burka

чакмон

caftán

абая

abaya

чўмилиш костюми

traje de baño

турсик

short de baño

шортик

shorts

спорт костюми

jogging

фартук

delantal

қўлқоп

guantes

тугма

botón

кўзойнак

anteojos

билагузук

pulsera

мунчоқ

collar

узук

anillo

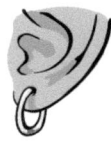

сирға

aro

кепка

gorra

пальто илгак

percha

шляпа

sombrero

бўйинбоғ

corbata

замок

cierre

дубулға

casco

шим тортгич

tiradores

мактаб формаси

uniforme escolar

форма

uniforme

ошхӯрак

babero

сӯрғич

chupete

таглик

pañal

идора
oficina

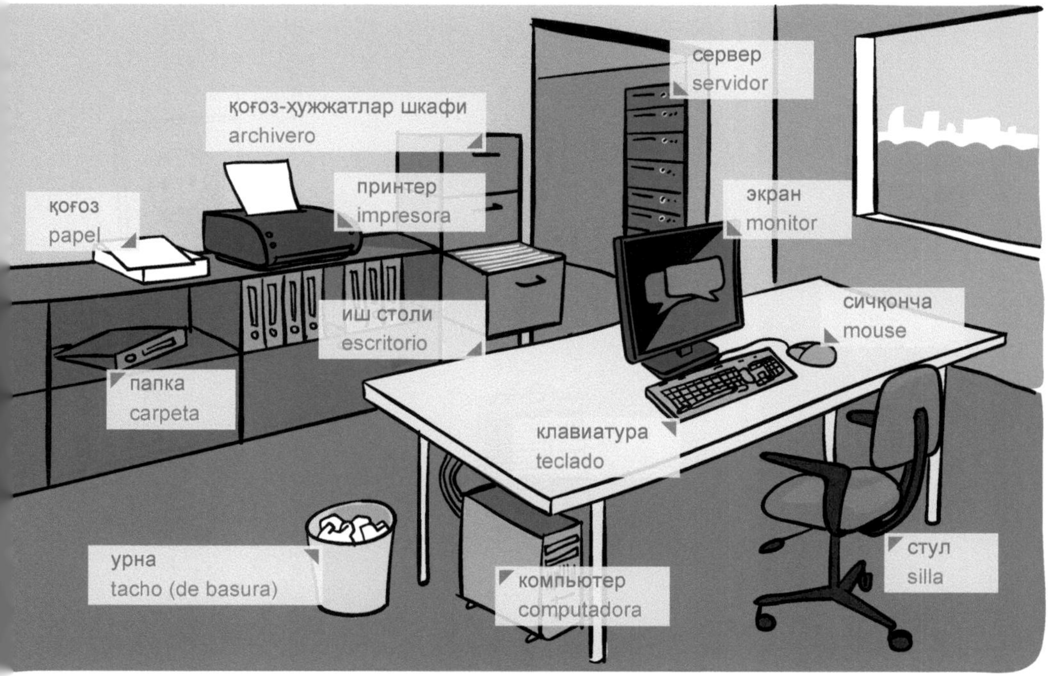

сервер
servidor

қоғоз-хужжатлар шкафи
archivero

принтер
impresora

экран
monitor

қоғоз
papel

сичқонча
mouse

иш столи
escritorio

папка
carpeta

клавиатура
teclado

стул
silla

урна
tacho (de basura)

компьютер
computadora

кофе кружкаси

taza de café

калькулятор

calculadora

интернет

internet

ноутбук

laptop

хат

carta

мактуб

mensaje

уяли телефон

celular

тармоқ

red

нусха кўчиргич

fotocopiadora

дастур

software

телефон

teléfono

розетка

tomacorriente

факс

fax

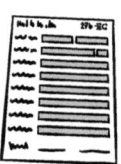

шакллар

formulario

хужжат

documento

харид қилмоқ

comprar

тўламоқ

pagar

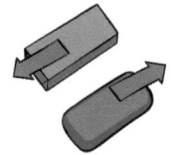

савдолашмоқ

hacer negocios

пул

dinero

 **USD**

доллар

dólar

 **EUR**

евро

euro

 **JPY**

йен

yen

 **RUB**
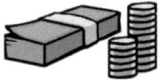

рубль

rublo

 **CHF**

швейцар франки

franco suizo

 **CNY**

эньминьби хитой юани

yuan

 **INR**

рупи

rupia

банкомат

cajero automático

пул айирбошлаш
шаҳобчаси
casa de cambio

олтин
oro

кумуш
plata

нефт
petróleo

энергия
energía

нарх
precio

шартнома
contrato

солиқ
impuesto

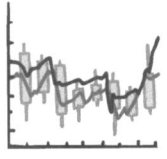

акция
acción

ишламоқ
trabajar

ишчи
empleado

иш берувчи
empleador

завод
fábrica

дўкон
negocio

касблар
ocupaciones

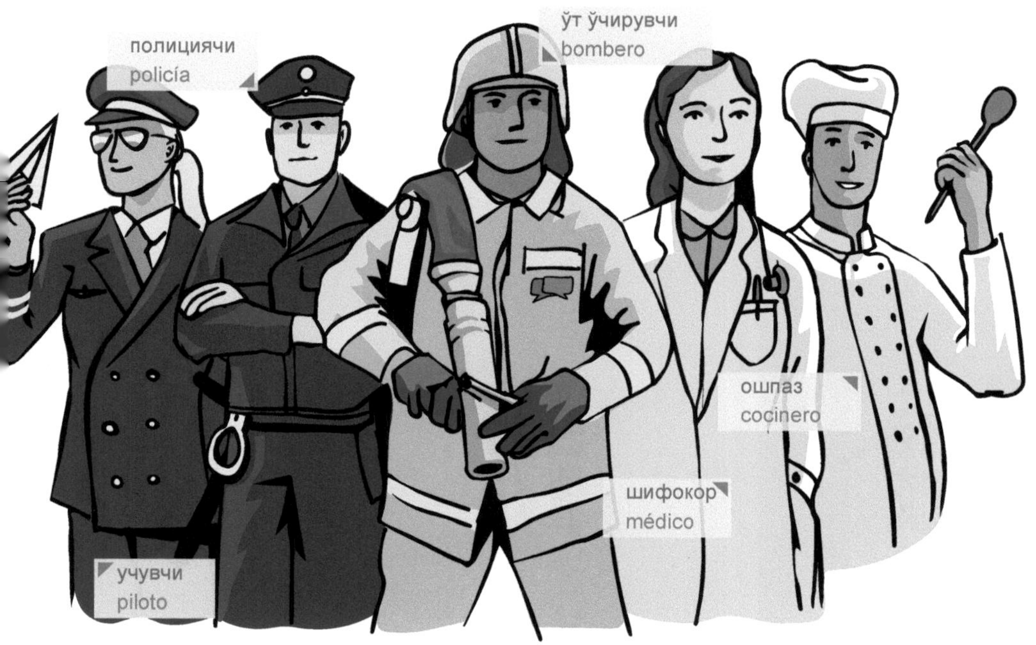

полициячи
policía
ўт ўчирувчи
bombero
ошпаз
cocinero
шифокор
médico
учувчи
piloto

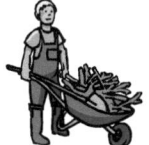

боғбон

jardinero

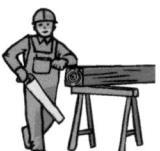

дурадгор

carpintero

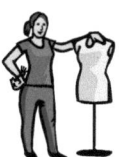

тикувчи

modista

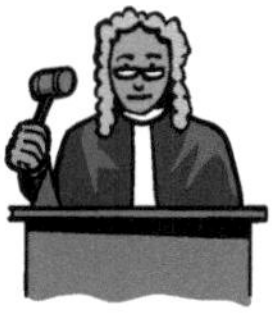

ҳакам

juez

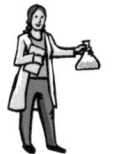

кимёгар

farmacéutico

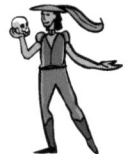

актёр

actor

автобус ҳайдовчиси

colectivero

такси ҳайдовчи

taxista

балиқчи

pescador

фаррош

mucama

том устаси

techista

официант

mozo

овчи

cazador

бўёқчи

pintor

нонвой

panadero

электр устаси

electricista

қурувчи

albañil

муҳандис

ingeniero

қассоб

carnicero

сувчи чилангар

plomero

почтачи

cartero

аскар

soldado

меъмор

arquitecto

ғазначи

cajero

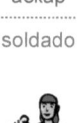

гулчи

florista

сарторош

peluquero

чиптачи

cobrador

механик

mecánico

капитан

capitán

тиш шифокори

dentista

олим

científico

яхудийлар руҳонийси

rabino

имом

imán

роҳиб

monje

руҳоний

sacerdote

асбоблар

herramientas

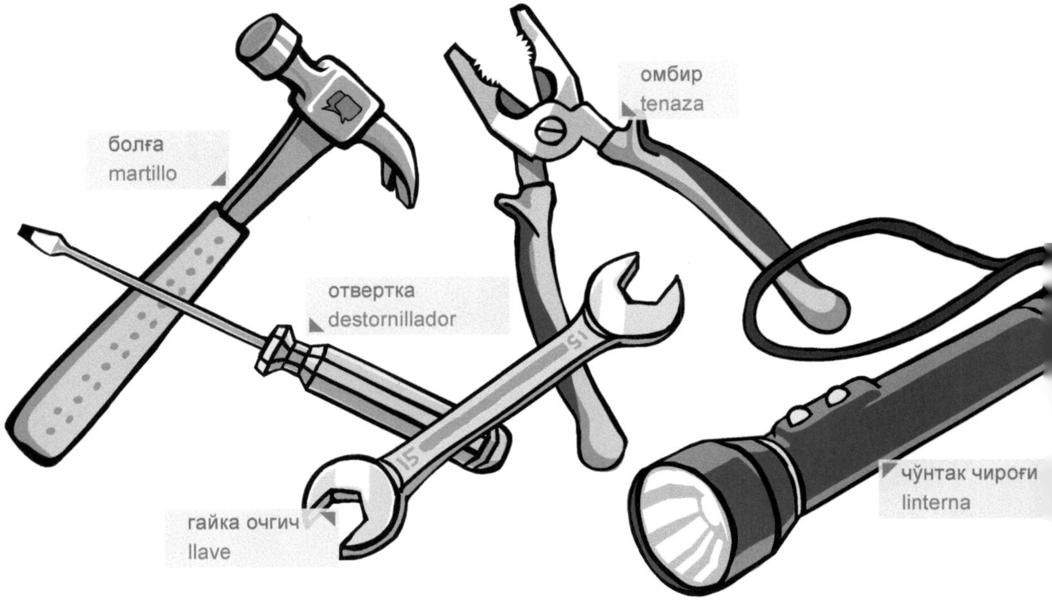

омбир
tenaza
болға
martillo
отвертка
destornillador
чўнтак чироғи
linterna
гайка очгич
llave

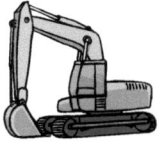

экскаватор

excavadora

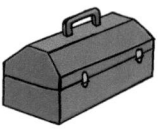

асбоблар қутиси

caja de herramientas

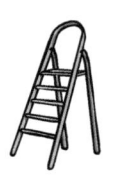

нарвон

escalera portátil

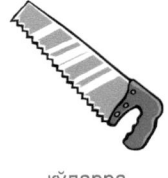

қўларра

sierra

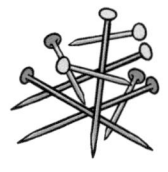

мих

clavos

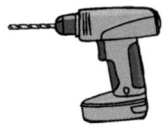

пармадаста

taladro

тузатмоқ

arreglar

белкурак

pala de jardín

Жин урсин!

¡Qué bronca!

хокандоз

pala de plástico

бўёқ идиш

tacho de pintura

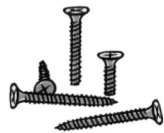

бурама мих

tornillos

мусиқа асбоблари
instrumentos musicales

радиокарнай
parlante

уриб чалинадиган мусиқа асбоблари
batería

гитара
guitarra

контрабас
contrabajo

сурнай
trompeta

пианино

piano

ғижжак

violín

бас-гитара

bajo

қўшноғора

timbales

дўмбира

tambor

клавиатура

teclado

саксофон

saxofón

най

flauta

микрофон

micrófono

ҳайвонот боғи

zoológico

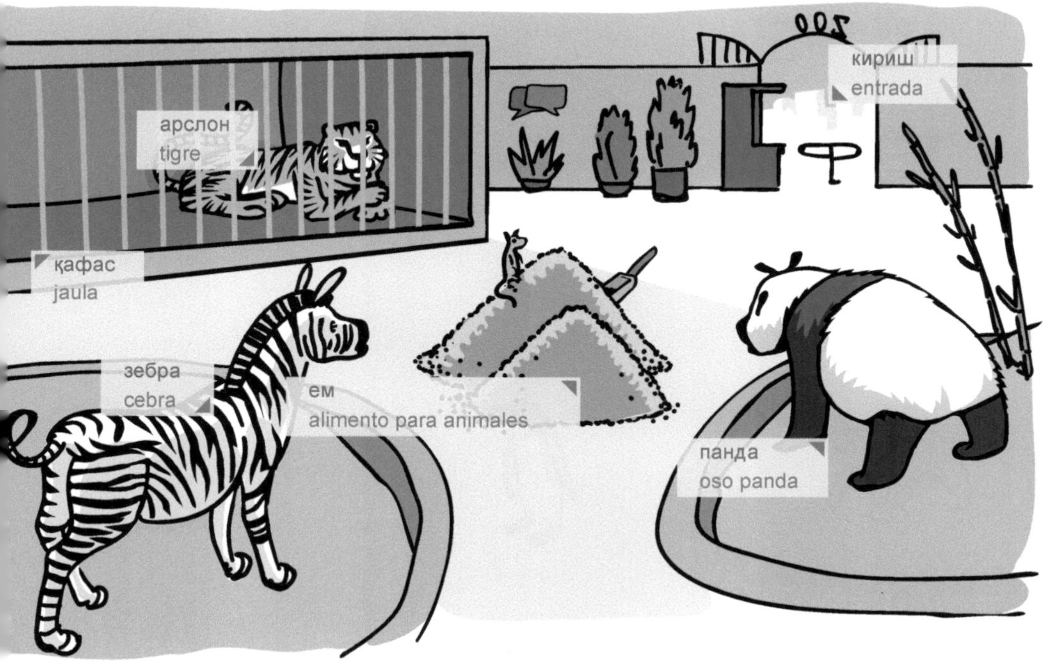

арслон
tigre
кириш
entrada
қафас
jaula
зебра
cebra
ем
alimento para animales
панда
oso panda

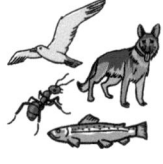

ҳайвонлар

animales

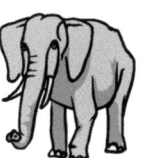

фил

elefante

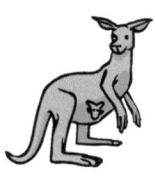

кенгуру

canguro

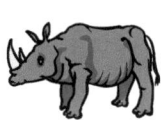

каркидон

rinoceronte

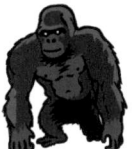

горилла

gorila

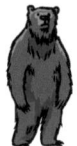

айиқ

oso

туя

camello

туяқуш

avestruz

шер

león

маймун

mono

фламинго

flamenco

тўти

loro

оқ айиқ

oso polar

пингвин

pingüino

акула

tiburón

товус

pavo real

илон

serpiente

тимсоҳ

cocodrilo

ҳайвонот боғи қоровули

cuidador del zoológico

тюлень

foca

ягуар

jaguar

тўпичоқ от

poni

қоплон

leopardo

бегемот

hipopótamo

жирафа

jirafa

бургут

águila

эркак чўчқа

jabalí

балиқ

pescado

тошбақа

tortuga

морж

morsa

тулки

zorro

оху

gacela

америка футболи
fútbol americano

велосипед ҳайдаш
ciclismo

теннис
tenis

баскетбол
básquet

сузиш
natación

бокс
boxeo

муз хоккейи
hockey sobre hielo

футбол
fútbol

бадминтон
bádminton

енгил атлетика
atletismo

қўлтўпи
handball

чанғи учиш
esquí

поло
polo

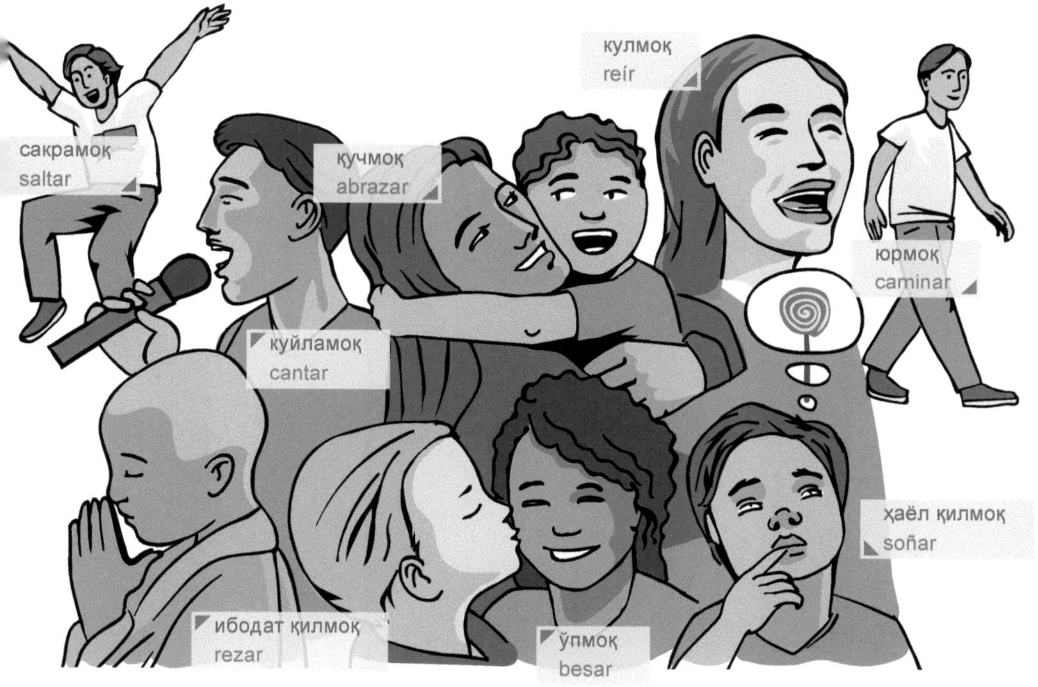

сакрамоқ
saltar

кулмоқ
reír

кучмоқ
abrazar

юрмоқ
caminar

куйламоқ
cantar

ҳаёл қилмоқ
soñar

ибодат қилмоқ
rezar

ўпмоқ
besar

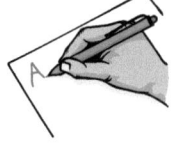		
ёзмоқ	чизмоқ	кўрсатмоқ
escribir	dibujar	mostrar

итармоқ	бермоқ	олмоқ
presionar	dar	tomar

эга бўлмоқ

tener

бажармоқ

hacer

бўлмоқ

ser

турмоқ

estar parado

югурмоқ

correr

тортмоқ

tirar

улоқтирмоқ

tirar

йиқилмоқ

caer

алдамоқ

estar acostado

кутмоқ

esperar

ташимоқ

llevar

ўтирмоқ

estar sentado

кийинмоқ

vestirse

ухламоқ

dormir

уйғонмоқ

despertar

қарамоқ

mirar

йиғламоқ

llorar

зарба бермоқ

acariciar

тарамоқ

peinar

гаплашмоқ

hablar

тушунмоқ

entender

сўрамоқ

preguntar

тингламоқ

escuchar

ичмоқ

beber

емоқ

comer

йиғиштирмоқ

ordenar

севмоқ

amar

пиширмоқ

cocinar

ҳайдамоқ

manejar

учмоқ

volar

кемада сузмоқ

navegar

ҳисобламоқ

calcular

ўқимоқ

leer

ўрганмоқ

aprender

ишламоқ

trabajar

турмуш қурмоқ

casarse

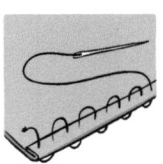

тикмоқ

coser

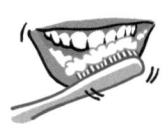

тиш ювмоқ

cepillarse los dientes

ўлдирмоқ

matar

чекмоқ

fumar

йўлламоқ

enviar

оила

familia

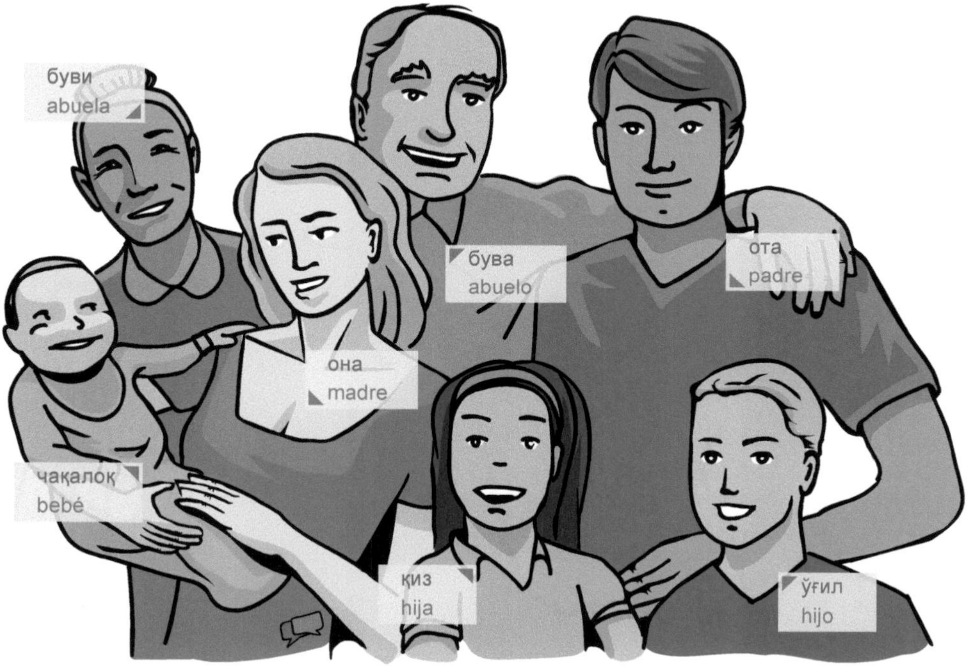
буви
abuela
бува
abuelo
ота
padre
она
madre
чақалоқ
bebé
қиз
hija
ўғил
hijo

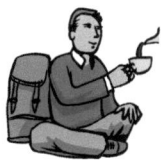

меҳмон

invitado

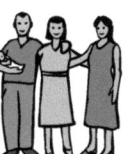

амма

tía

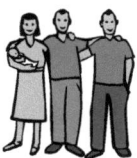

тоға

tío

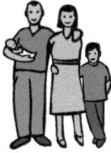

ака

hermano

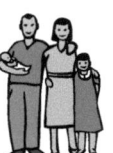

опа

hermana

тана

cuerpo

пешона
frente
кўз
ojo
елка
hombro
бармоқ
dedo
юз
cara
ияк
pera
қўл панжалари
mano
оёқ
pierna
кўкрак
pecho
қўл
brazo

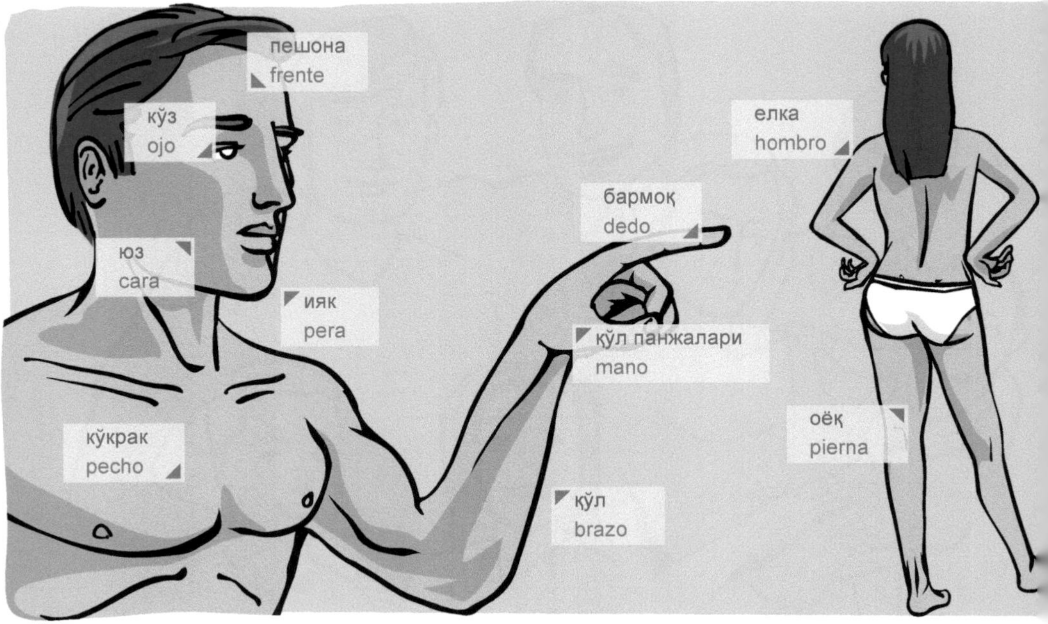

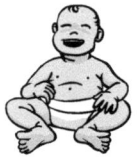

чақалоқ

bebé

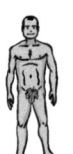

одам

hombre

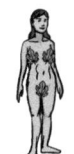

аёл

mujer

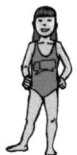

қиз бола

nena

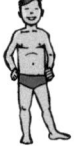

ўғил бола

nene

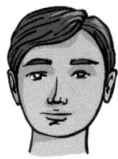

бош

cabeza

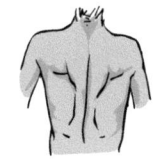

орқа
....
espalda

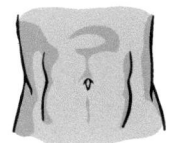

қорин
....
panza

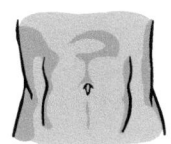

киндик
....
ombligo

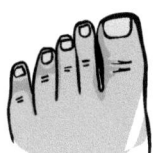

оёқ панжаси
....
dedo del pie

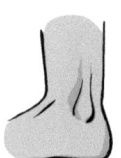

товон
....
talón

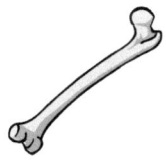

суяк
....
hueso

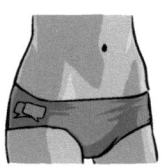

бел
....
cadera

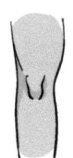

тизза
....
rodilla

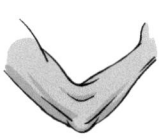

тирсак
....
codo

бурун
....
nariz

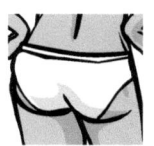

думба
....
cola

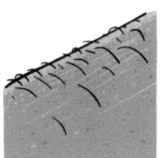

тери
....
piel

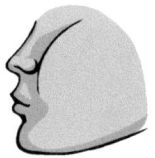

яноқ
....
cachete

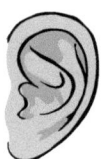

қулоқ
....
oreja

лаб
....
labio

оғиз

boca

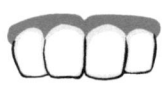

тиш

diente

тил

lengua

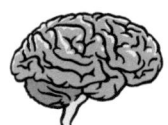

мия

cerebro

юрак

corazón

мушак

músculo

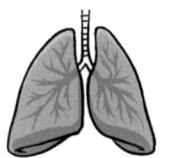

ўпка

pulmón

жигар

hígado

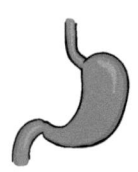

ошқозон

estómago

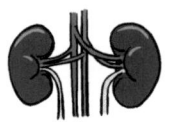

буйрак

riñones

жинсий алоқа

sexo

презерватив

preservativo

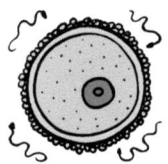

тухум ҳўжайра

óvulo

уруғ

semen

ҳомиладорлик

embarazo

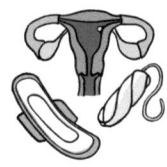

ҳайз

menstruación

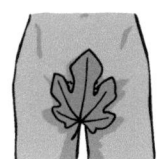

бачадон

vagina

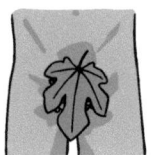

олат

pene

қош

ceja

соч

pelo

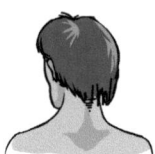

бўйин

cuello

шифохона
hospital

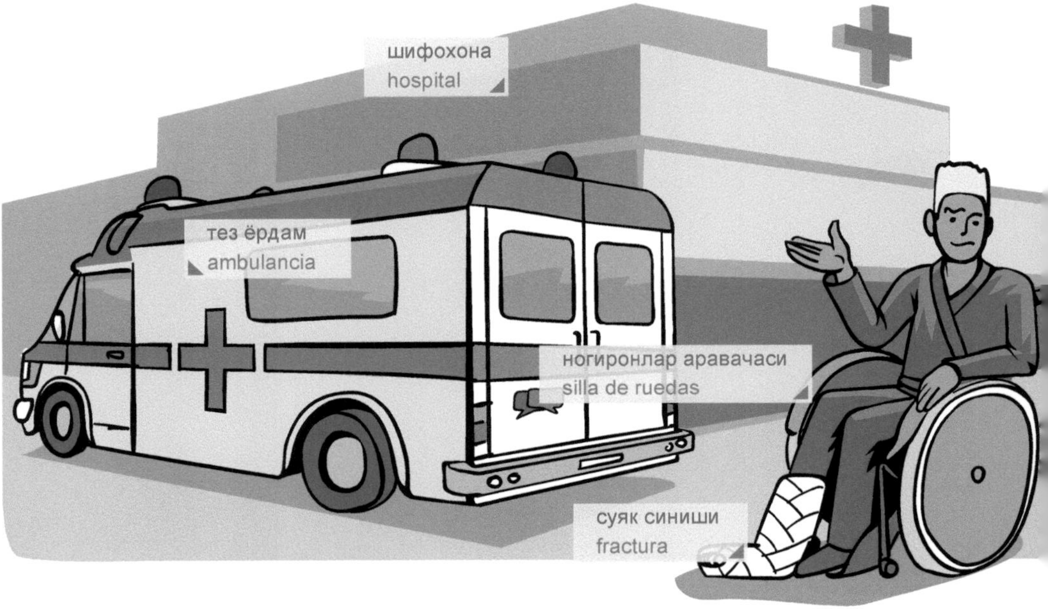

шифохона
hospital

тез ёрдам
ambulancia

ногиронлар аравачаси
silla de ruedas

суяк синиши
fractura

шифокор

médico

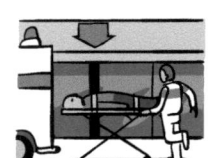

Шошилинч тиббий ёрдам
кўрсатиш бўлими

sala de guardia

ҳамшира

enfermera

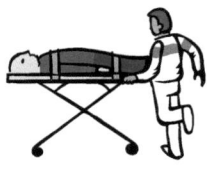

тез ёрдам

emergencia

ҳушсизлик

inconsciente

оғриқ

dolor

жароҳат

lesión

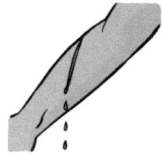

қонаш

hemorragia

юрак хуружи

infarto

инсульт

ACV

аллергия

alergia

йўтал

tos

иситма

fiebre

тумов

gripe

ич кетиш

diarrea

бош оғриғи

dolor de cabeza

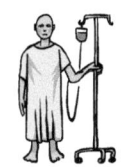

саратон касали

cáncer

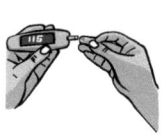

қандли диабет

diabetes

жарроҳ

cirujano

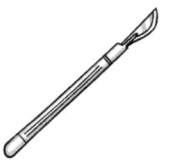

жарроҳ пичоғи

bisturí

жарроҳлик амалиёти

operación

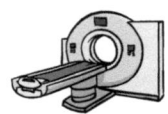

томография

TC

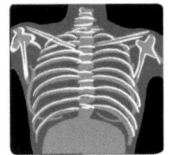

рентген

rayos x

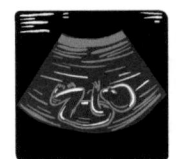

ултратовуш текшируви

ecografía

юз ниқоби

barbijo

касаллик

enfermedad

қабулхона

sala de espera

қўлтиқтаёқ

muleta

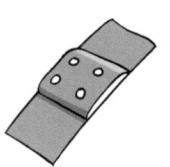

малҳамли пластир

curita

бинт

venda

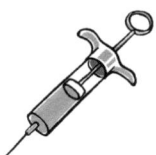

укол

inyección

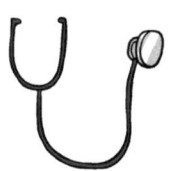

юрак урушини ва ўпкани
эшитиб кўрадиган асбоб

estetoscopio

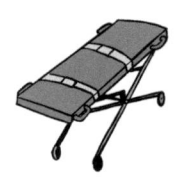

беморлар учун замбил

camilla

термометр

termómetro

туғруқ

nacimiento

семизлик

sobrepeso

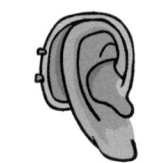

эшитиш мосламаси

audífono

дезинфекцияловчи восита

desinfectante

инфекция

infección

вирус

virus

ОИВ / ОИТС

VIH / SIDA

дори

remedio

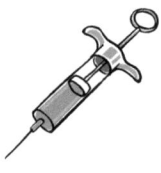

эмлаш

vacunación

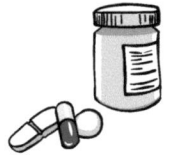

таблетка

comprimidos

дори

pastilla anticonceptiva

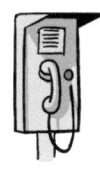

тез ёрдам қўнғироғи

amada de emergencia

қон босимини ўлчаш асбоби

tensiómetro

касал / соғлом

enfermo / sano

Ёрдам бер!

¡Ayuda!

хавф-хатар ишораси

alarma

тажовуз

agresión

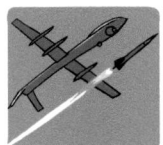

ҳужум

ataque

хавф

peligro

фавкулодда ҳолатларда
чиқиш эшиги

salida de emergencia

Ёнғин!

¡Fuego!

ўт ўчиргич

matafuego

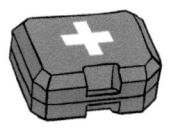

фалокат

accidente

биринчи тиббий ёрдам
тўплами

botiquín de primeros
auxilios

фалокат сигнали

SOS

полиция

policía

Европа
....
Europa

Шимолий Америка
....
América del Norte

Жанубий Америка
....
América del Sur

Африка
....
África

Осиё
....
Asia

Австралия
....
Australia

Атлантик океани
....
Atlántico

Тинч океани
....
Pacífico

Ҳинд океани
....
Océano Índico

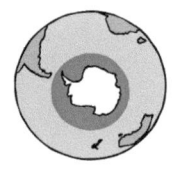

Антарктида океани
....
Océano Antártico

Арктика океани
....
Océano Ártico

Шимолий кутб
....
polo norte

Жанубий қутб

polo sur

Антарктика

Antártida

Ер

Tierra

ўлка

tierra

денгиз

mar

орол

isla

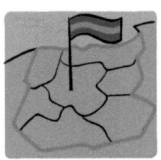

миллат

nación

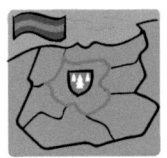

давлат

estado

астрономик вақт
кўрсатгичи
....
esfera

соат мили
....
manecilla de las horas

дақиқа мили
....
minutero

сония мили
....
segundero

Соат неча?
....
¿Qué hora es?

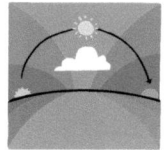

кун
....
día

вақт
....
hora

ҳозир
....
ahora

рақамли соат
....
reloj digital

дақиқа
....
minuto

соат
....
hora

хафта

semana

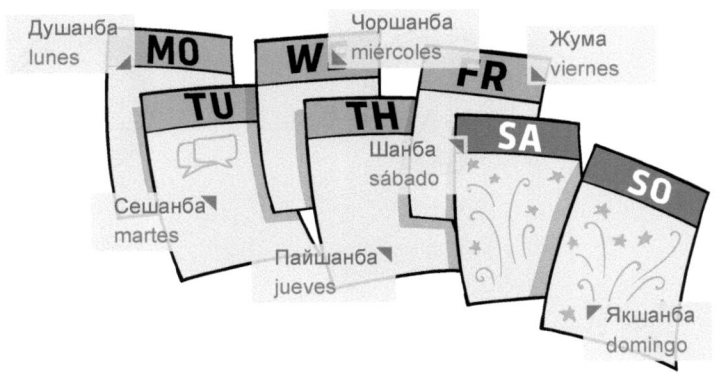

Душанба / lunes — MO
Чоршанба / miércoles — W
Жума / viernes — FR
TU
TH
Сешанба / martes
Шанба / sábado — SA
Пайшанба / jueves
SO
Якшанба / domingo

кеча

ayer

бугун

hoy

эртага

mañana

эрталаб

mañana

пешин

mediodía

кечкурун

tarde

MO	TU	WE	TH	FR	SA	SU
1	2	3	4	5	6	7
8	9	10	11	12	13	14
15	16	17	18	19	20	21
22	23	24	25	26	27	28
29	30	31	1	2	3	4

иш кунлари

días hábiles

MO	TU	WE	TH	FR	SA	SU
1	2	3	4	5	6	7
8	9	10	11	12	13	14
15	16	17	18	19	20	21
22	23	24	25	26	27	28
29	30	31	1	2	3	4

дам олиш кунлари

fin de semana

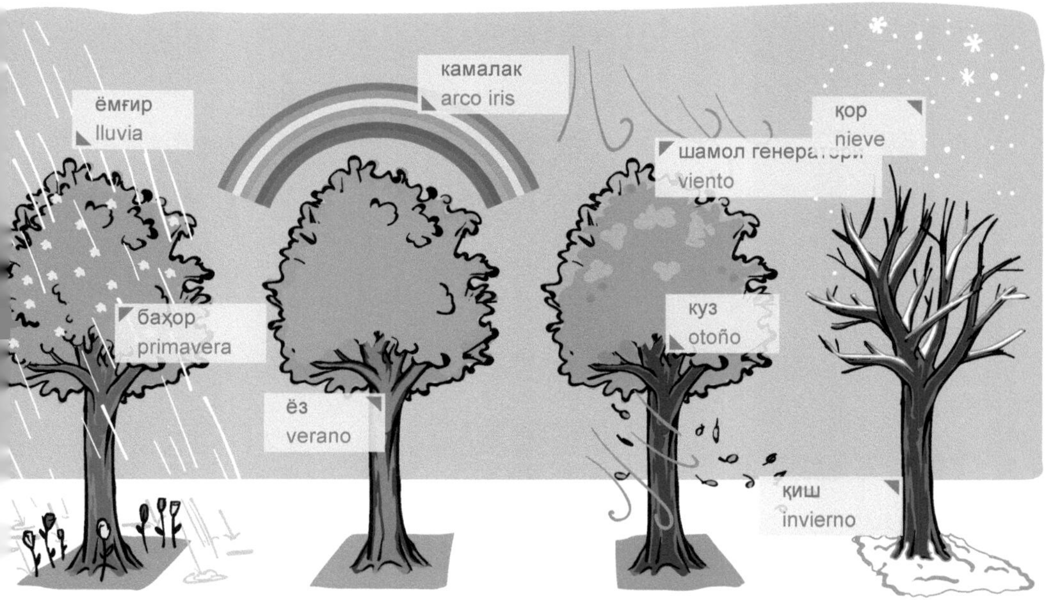

ёмғир
lluvia

камалак
arco iris

қор
nieve

шамол генератори
viento

баҳор
primavera

ёз
verano

куз
otoño

қиш
invierno

об-ҳаво маълумоти

onóstico meteorológico

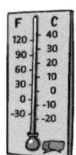

термометр

termómetro

қуёшли

luz del sol

булут

nube

туман

niebla

намгарчилик

humedad

чақмоқ

rayo

момоқалдироқ

trueno

бўрон

tormenta

дўл

granizo

намгарчилик мавсуми

monzón

тошқин

inundación

муз

hielo

Январь

enero

Февраль

febrero

Март

marzo

Апрель

abril

Май

mayo

Июнь

junio

Июль

julio

Август

agosto

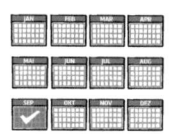

Сентябрь
septiembre

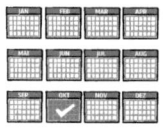

Октябрь
octubre

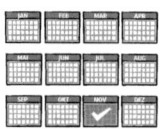

Ноябрь
noviembre

Декабрь
diciembre

айлана

círculo

квадрат

cuadrado

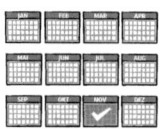

тўртбурчак

rectángulo

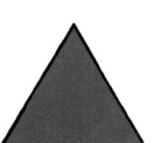

учбурчак

triángulo

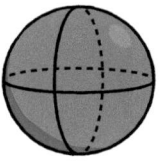

доира

esfera

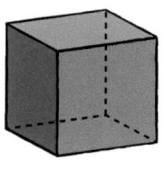

куб

cubo

оқ

blanco

сариқ

amarillo

сабзи ранг

naranja

пушти

rosa

қизил

rojo

тўқ қизил

violeta

кўк

azul

яшил

verde

жигар ранг

marrón

кул ранг

gris

қора

negro

кўп / оз

mucho / poco

ғазабли / хотиржам

enojado / tranquilo

гўзал / хунук

lindo / feo

боши / охири

principio / fin

катта / кичик

grande / chico

ёруғ / қоронғу

claro / oscuro

ака / сингил

hermano / hermana

тоза / ифлос

limpio / sucio

тўлиқ / чала

completo / incompleto

кун / тун

día / noche

ўлик / тирик

muerto / vivo

кенг / тор

ancho / angosto

еса бўладиган / еса
бўлмайдиган

comestible / no comestible

ёвуз / хайрли

malo / amable

ҳаяжонли / зерикарли

entusiasmado / aburrido

семиз / озғин

gordo / flaco

биринчи / охирги

primero / último

дўст / душман

amigo / enemigo

тўла / бўш

lleno / vacío

қаттиқ / юмшоқ

duro / blando

оғир / енгил

pesado / liviano

очлик / чанқов

hambre / sed

касал / соғлом

enfermo / sano

ноқонуний / қонуний

ilegal / legal

зиёли / калтафаҳм

inteligente / estúpido

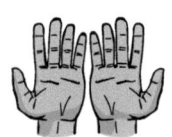

чап / ўнг

izquierda / derecha

яқин / узоқ

cerca / lejos

янги / ишлатилган

nuevo / usado

ҳеч нарса / бир нарса

nada / algo

қари / ёш

viejo / joven

ёниқ / ўчиқ

encendido / apagado

очиқ / ёпиқ

abierto / cerrado

паст / баланд

silencioso / ruidoso

бой / камбағал

rico / pobre

тўғри / нотўғри

correcto / incorrecto

нотекис / текис

áspero / suave

хафа / хурсанд

triste / contento

қисқа / узун

corto / largo

секин / тез

lento / rápido

нам / қуруқ

mojado / seco

илиқ / салқин

caliente / frío

уруш / тинчлик

guerra / paz

рақамлар

números

0

ноль

cero

1

бир

uno

2

икки

dos

3

уч

tres

4

тўрт

cuatro

5

беш

cinco

6

олти

seis

7

етти

siete

8

саккиз

ocho

9

тўққиз

nueve

10

ўн

diez

11

ўн бир

once

12
ўн икки
doce

13
ўн уч
trece

14
ўн тўрт
catorce

15
ўн беш
quince

16
ўн олти
dieciséis

17
ўн етти
diecisiete

18
ўн саккиз
dieciocho

19
ўн тўққиз
diecinueve

20
йигирма
veinte

100
юз
cien

1.000
минг
mil

1.000.000
миллион
millón

рақамлар - números

Инглиз

inglés

Америкача инглиз тили

inglés americano

Хитой тилининг Мандарин лаҳчаси

chino mandarín

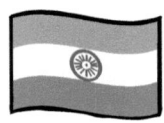

Ҳинд

hindi

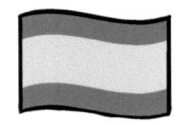

Испан

español

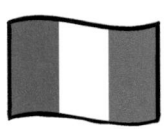

Француз

francés

Араб

árabe

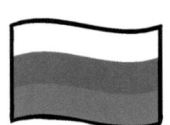

Рус

ruso

Португал

portugués

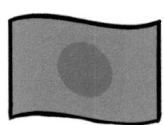

Бенгал

bengalí

Немис

alemán

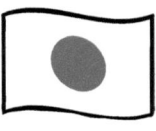

Япон

japonés

Мен

yo

Сен

vos

у / у / у

él / ella

биз

nosotros

сизлар

ustedes

улар

ellos

ким?

¿quién?

нима?

¿qué?

қандай?

¿cómo?

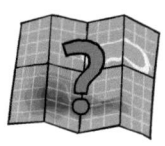

қаерда?

¿dónde?

қачон?

¿cuándo?

исм

nombre

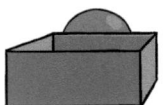

орқада

detrás

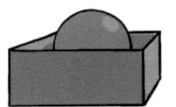

ичида

en

олдида

adelante de

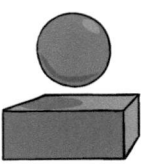

узра

por encima de

устида

sobre

тагида

debajo de

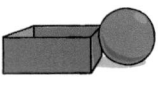

ёнида

al lado de

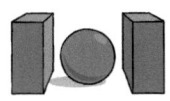

ўртасида

entre

жой

lugar